SECONDE LETTRE

A M. LE C^{TE} DE SAINT-LIZIER DU CHANTENAY

SUR

L'ÉTAT DES AFFAIRES PUBLIQUES.

Première lettre à M. le comte de Saint-Lizier du Chantenay sur l'état des affaires publiques, par M. Benoist, rédacteur en chef du *Conservateur*.

Brochure in-8°, prix 75 centimes.

A Paris, au bureau du *Conservateur*, rue de Sèvres, n° 2.

Il paraîtra prochainement un ouvrage du même auteur en deux volumes in-8°, intitulé : *Réputations contemporaines*, dont plusieurs fragmens ont été publiés dans le *Conservateur*.

L'auteur passe en revue toutes les réputations de l'époque : M. de Châteaubriand ; M. de La Mennais ; sir Walter-Scott ; lord Byron ; M. Casimir Delavigne ; M. de Villèle ; lord Wellington ; le prince de Metternich ; M. Benjamin-Constant ; le docteur Broussais ; le sultan Mahmoud ; Bonaparte ; Louis XVIII ; Bolivar ; l'Infant dom Miguel ; M. Royer-Collard ; M. de Humboldt ; M. de Pradt ; O'Connell ; le comte de Maistre ; M. de Bonald ; M. Frayssinous ; M. d'Aviau, archevêque de Bordeaux ; le marquis de Lafayette ; le général Foy ; M. de Lamartine ; M. Victor Hugo ; M. Béranger ; M. Decandolle ; M. de Talleyrand ; M. de Barante ; M. Dupin aîné ; lord Castelreagh ; M. Peel ; le duc Matthieu de Montmorency ; Bernardin de Saint-Pierre ; le marquis de Laplace ; M. Cousin ; M. Guizot ; M. Villemain, etc.

PARIS, IMPRIMERIE DE POUSSIELGUE-RUSAND,
rue de Sèvres, n. 2.

SECONDE LETTRE

à M. le Cte de Saint-Lizier du Chantenay

SUR

L'ÉTAT DES AFFAIRES PUBLIQUES,

Par M. Benoist,

RÉDACTEUR EN CHEF DU *CONSERVATEUR.*

4 Août 1829.

A PARIS,

AU BUREAU DU CONSERVATEUR,

rue de Sèvres, n. 2,

ET CHEZ RUSAND, libraire, rue du Pot-de-Fer, n° 8;
BLAISE, libraire, rue Férou, n° 24;
MAZE, libraire, rue de Seine Saint-Germain, n° 31;
DELAUNAY, libraire, Palais-Royal.

1829.

SECONDE LETTRE

A M. LE Cte DE SAINT-LIZIER DU CHANTENAY,

SUR

L'ÉTAT DES AFFAIRES PUBLIQUES.

MONSIEUR LE COMTE,

La chambre des pairs vient d'apposer son visa au bas du budget. M. le chancelier n'avait pas encore terminé le parafe de la noble assemblée que MM. Roy, Feutrier et Portalis arrivaient l'ordonnance de clôture à la main; et aussitôt chacun de prendre sa canne et son chapeau. A la chambre des députés, *le Messager*, dont l'emploi est de voir tout en beau et de l'annoncer, assure qu'on s'est séparé aux cris de *Vive le Roi!*

La clôture ne s'est pas faite aussi tranquillement que le ministère l'espérait : il a éprouvé avec ce qu'on appelle le comité-directeur une espèce d'affront à la chambre haute; et M. de Martignac, qui depuis quelque temps sommeillait sur sa gloire, a été obligé de recourir à son éloquence, comme le rossignol dans le chagrin fait entendre sa voix plaintive et mélodieuse.

M. Spy, ecclésiastique fort estimable, avait adressé à la chambre des pairs une pétition sur les dangers que présentent les associations libérales connues sous le nom de comités-directeurs, en faisant observer qu'il serait plus que temps de s'opposer aux manœuvres et aux progrès de cette puissance. Le rapporteur ayant demandé le renvoi au ministre de l'intérieur un noble pair dont tout le monde apprécie le beau caractère, M. le comte de Saint-Roman, a pris la parole pour l'appuyer; mais M. le comte d'Argout, mu par une noble bienveillance pour le libéralisme, a demandé qu'on traitât avec beaucoup de réserve et une sage prudence tout ce qui concernait les élections. La chambre n'étant pas en nombre, cet incident n'eut pas de suite.

Dans la discussion sur le projet de loi relatif à un crédit éventuel de 42 millons, MM. les comtes de Rougé et de Saint-Roman s'arrêtèrent à la légèreté du ministre des finances en cette circonstance, et firent observer qu'il établissait un précédent fort dangereux et portait atteinte à la prérogative royale.

A l'occasion du budget un noble marquis, M. de Villefranche, réclama contre la marche suivie par le ministère avec la loyauté et le talent qu'on lui connaît. Permettez-moi, monsieur le comte, de vous citer quelques passages de cette noble réclamation : (1)

« Avant de donner aux ministres le témoignage de confiance qu'ils demandent; avant de remettre en leurs mains la fortune de la France, c'est un devoir pour les membres des deux chambres de porter un examen sévère sur l'ensemble du système adopté par le gouvernement, et d'exprimer franchement leur opinion sur les actes qui leur paraîtraient contraires aux intérêts du pays. Le budget, comme l'a dit un ministre à l'autre chambre, n'est pas seulement une loi de finances, c'est une loi politique où l'opposition attend le ministère. Il est à regretter sans

(1) Moniteur du 30 juillet.

doute que de pareilles discussions s'engagent à une époque si avancée de la session; mais le champ n'avait pas
été ouvert jusqu'ici, et il faut bien, puisque l'occasion s'en
présente, dire une fois sa pensée tout entière. Le noble
pair l'exprimera sans en rien cacher. Il regrette de ne pas
voir les ministres se réunir aux royalistes pour combattre
les partisans des doctrines révolutionnaires. En suivant
cette ligne, ils trouveraient une majorité forte, et le succès
serait assuré, tandis que l'avenir de la monarchie est com-
promis, si l'on persiste dans le système adopté. Or, peut-
on croire que le ministère soit disposé à le modifier, lorsque le ministre de l'intérieur a récemment encore déclaré
à la tribune de l'autre chambre que ce que le ministère avait
fait jusqu'ici il le ferait encore, qu'il y avait parti pris,
plan arrêté et résolution réfléchie de ne pas s'en écarter.
Et quel est donc ce système dans lequel on entend persé-
vérer ? Le ministre a pris soin lui-même d'énumérer les
actes qui le constituent: les changemens intervenus dans
les lois électorales, la loi sur la presse, la loi d'interprétation qui dépouille la royauté de son droit; enfin ce qu'on
appelle les mesures sévères prises pour faire rentrer dans
l'ordre l'instruction, c'est-à-dire les trop célèbres ordonnances du 16 juin 1828. C'est précisément contre tous
ces actes dont on s'honore que le noble pair s'élève de
toutes ses forces, parce qu'il les croit funestes à l'état; et,
pour justifier les appréhensions qu'ils lui font concevoir,
il lui suffit d'invoquer les leçons de l'expérience. C'est sur
des doctrines subversives de l'ordre, sur des mesures arbi-
traires que l'on s'appuie pour faire prévaloir un système
qui n'a de légal que le nom, et qui ne se compose que
des concessions faites aux doctrines révolutionnaires.
Les ordonnances du 16 juin surtout sont essentiel-
lement contraires aux vrais principes, et tant qu'elles ne

seront pas ou rapportées ou modifiées, c'est un devoir
de réclamer contre l'injustice qui a prévalu. . . . . . .
. . . .
. . . C'est toujours par l'abus des mots que l'on cherche
à tromper les nations ; jamais le mot de liberté n'a été
si souvent prononcé que sous l'affreux règne de la terreur.
Aujourd'hui le comité - directeur déguise son oppression
sous les mêmes apparences : ce sont les lois qu'il invoque;
il cherche des armes, et dans les 40,000 lois dont tant
d'assemblées de triste mémoire ont obscurci notre droit
public, et dans les décrets de l'usurpation, et même dans
les décisions surannées des anciens parlemens. Qu'en ré-
sulte-t-il cependant ? les factions sont-elles comprimées ?
l'anarchie ne nous menace-t-elle plus ? la licence de la
presse a-t-elle cessé de tourmenter la société ? les efforts
de la justice sont-ils efficaces contre les excès des journaux ? Les ministres eux-mêmes sont forcés de reconnaître
que non. Et plût à Dieu que les instructions contenues à
ce sujet dans une circulaire récente puissent être exacte-
tement suivies ! On ne saurait que rendre hommage aux
intentions dont cette circulaire porte l'empreinte ; et si
l'effet en est tel qu'on peut l'attendre, un service signalé
aura été rendu à la monarchie. Mais le mal n'est pas seulement en ce point. La charte octroyée à la France par son
roi légitime est évidemment violée; elle consacre par un
article formel le libre exercice de toutes les religions ;
elle assure à tous les cultes une protection égale; chacun
est libre, d'ailleurs, de choisir la profession qui lui
convient; et cependant des ordonnances fameuses mé-
connaissent tous ces droits, atteignent de malheureux
prêtres français et les proscrivent sous le nom de *jésuites*,
en exigeant d'eux des déclarations contraires à leur conscience. Ce n'est assurément pas là de l'ordre légal, c'est

le règne de l'injustice et de l'arbitraire. Et dans quelles circonstances les principes reconnus de tout temps, même sous le régime impérial, sont-ils ainsi violés ? C'est au moment où l'Angleterre voit détruire cette législation intolérante qui l'affligeait depuis plusieurs siècles. Un ministre protestant demande et obtient l'émancipation de la population catholique, tandis qu'en France la proscription des prêtres français désignés sous le nom de *jésuites* est prononcée par un ministère catholique. Un orateur, dont le noble pair est loin de partager les opinions, l'a récemment écrit : l'ordre social est vicieux dans un pays aussi long-temps qu'une classe est opprimée. Mais n'est-ce donc pas une oppression évidente et contraire à la charte, qui doit être, suivant le même orateur, notre règle et notre boussole, que de priver les pères de famille du droit qui leur appartient de faire donner à leurs enfans l'éducation qu'ils croient la meilleure, celle qui leur offre dans la religion la garantie la plus sûre du bonheur de leur famille et de celui de la société tout entière ? est-ce donc à l'université actuelle qu'ils peuvent s'adresser pour chercher de pareilles garanties ? a-t-elle hérité des anciennes traditions de Rollin et de Lebeau ? mérite-t-elle le nom de fille aînée des rois ? et les désordres qui ne s'y manifestent que trop souvent n'attestent-ils pas son impuissance ? C'est cependant pour maintenir le monopole qu'elle s'arroge qu'ont été supprimées des écoles auxquelles vingt mille pères de famille accordaient toute confiance. Mais un pareil monopole est évidemment contraire et à la charte et au principe de la puissance paternelle. Déjà ces mesures ont fait un mal immense à la religion et à l'éducation. Des pétitions ont été adressées aux chambres pour en obtenir la cessation. Quand donc sera-t-il fait droit à de si justes demandes ?. . . . . »

M. le Comte de Tournon a cru devoir blâmer indirec-
tement le noble marquis. Vous savez, monsieur le comte,
qu'il est des gens qui trouvent toujours bon ce que font
les gouvernemens quels qu'ils soient du reste. J'ai plus de
respect pour l'autorité royale que M. de Tournon, et je
ne mêlerai pas le nom du Roi aux ordonnances du 16 juin;
mais ce qui est incontestable et ce que le noble comte ne
pourra jamais faire oublier malgré ses efforts, c'est
la tyrannie, c'est l'inquisition odieuse imposée par les-
dites ordonnances. Aussi M. de Villefranche a-t-il ré-
pondu victorieusement que ce qu'il avait dit était l'ex-
pression intime de sa conviction, et que d'ailleurs son
respect pour l'autorité royale était trop bien connu pour
qu'on donnât à ses paroles aucune interprétation fâ-
cheuse. Un journal cherche à crier dans son numéro
du 1ᵉʳ août contre M. de Villefranche, semblable à ces
gens perdus qui insultent les passans dans la rue. Je ne
m'arrêterai ni aux sentimens, ni au noble caractère de
M. de Villefranche, fort au-dessus de pareilles inconve-
nances.

Au reste, le ministère continue ses vexations et ses
proscriptions, et ses agens, aussi faibles que lui, se plai-
sent à les exécuter. On annonce qu'il est défendu aux
capucins d'Aix et de Marseille de se montrer en public
avec l'habit de leur ordre, et que leurs maisons vont être
fermées d'après un arrêté du préfet, M. de Villeneuve, approuvé par le ministre de l'intérieur. Est-ce que les capucins
se soumettront à un arbitraire de ce genre? Non, ils ne le
doivent point. Les citoyens sont libres de s'appeler capucins, ou trappistes s'ils le veulent, de porter de la barbe et
un capuchon en place de chapeau; et l'administration
n'a rien à y voir. D'après la liberté individuelle garantie à
chaque citoyen par la Charte, les capucins doivent regar-

der l'arrêté du préfet comme non avenu, et recourir aux tribunaux qui sûrement rendront justice. Qu'ils n'oublient point que dans ce cas *le droit de commander n'existe pas, et que l'obéissance n'est pas un devoir*. Il faut montrer à ce malheureux ministère qu'on a la conscience de ses droits, et qu'on en jouira à quelque prix que ce soit. Hé bien, monsieur le comte de Tournon, que dites-vous de cette mesure? On ne proscrira jamais, vous êtes-vous écrié; vous ne connaissiez sans doute pas cet arrêté de M. de Villeneuve, approuvé par M. de Martignac. Ah! monsieur de Tournon, que vous devez avoir regret de vos paroles! Si j'étais à Marseille, je dirais à ces pauvres capucins : Résistez, résistez de toutes vos forces, vous en avez le droit d'après la Charte.

Le conventionnel Laignelot vient de mourir. Me Grand, avocat à la cour royale, panégyriste et enterreur de profession de tous les conventionnels passés, présens et futurs, s'est enthousiasmé, au cimetière de l'Ouest, sur les *vertus* du *vertueux* Laignelot. Un homme de lettres aussi obscur que médiocre, s'est joint à Me Grand pour vanter *l'ami de la liberté et de l'humanité*.

Venez avec moi, monsieur le comte, rue Neuve-Saint-Augustin, n° 8, assister à un spectacle curieux. Personne n'entre sans que le concierge ne s'écrie : *Uni Deo*, à quoi l'on doit répondre *Uni Deo*; avec cela on peut librement parcourir toute la maison. Si par hasard on rencontre quelqu'un, on doit dire : *Uni Deo*, et l'on vous laissera passer avec respect. On entre dans un vaste salon richement meublé, où se trouvent réunis quarante à cinquante individus tant jeunes que vieux qui, debout et silencieux, forment le cercle autour d'une table de marbre noir sur laquelle on lit tracés en gros caractères ces mots: *Uni Deo*. Le maître de la maison est un homme d'une quarantaine d'années au moins, qui, de temps à autre, pousse de profonds soupirs, et prononce d'une voix lente et solennelle : *Uni Deo* ; et tous les assistans lui répondent : *Uni Deo*. Cette cérémonie se continue pendant une heure ou deux. Le maître de la maison débite ensuite un long discours que personne ne comprend et qu'il ne comprend pas lui-même ; malgré cela, il s'anime, il gesticule, il crie, il s'emporte contre tous les cultes autres que : l'*Uni Deo*. Il maudit toutes les religions, il voue leurs ministres à l'éxécration publique, il s'arrache les cheveux, il se roule sur le parquet en criant : *Uni Deo* ; et tous les assistans de se rouler de même et de s'arracher les cheveux en criant : *Uni Deo*. Telle est la religion-Isambert, du nom de son fondateur, Me Isambert, avocat à la cour de cassation.

A propos, il faut que je vous parle des procès contre la presse, qui vont leur train sous la bannière de M. Bourdeau. L'*Ancien Album* vient d'être jugé pour son *Mouton enragé*. Le tribunal a condamné M. Magalon à 5oo fr. d'amende, et M. Fontan, auteur de l'article inculpé, a cinq ans de prison, 10,ooo fr. d'amende et à cinq ans d'interdiction des droits mentionnés dans le Code civil. Est-ce qu'on s'imaginerait par hasard soutenir à coups d'arrêts la royauté qui chancelle ? ne ferait-on pas ici le rôle du maître d'école sermonnant l'enfant qui se noie ? Je ne pense pas que des arrêts rigoureux puissent remédier au mal quand les esprits en sont venus au point de concevoir et d'oser publier des articles tels que le *Mouton enragé*. Une chose qui vous paraîtra incroyable, monsieur le comte, c'est qu'on joue des proverbes devant la justice. La scène s'est passée entre le tribunal, le ministère public, M. Barthélemy et Me Mérilhou, son avocat. Le ministère public accusait M. Barthélemy d'avoir, dans son poëme intitulé :

le Fils de l'Homme, provoqué à changer le gouvernement et l'ordre de successibilité au trône. Avant de commencer sa plaidoierie, Me Mérilhou demanda au tribunal s'il ne jugerait pas à propos d'entendre son client ; et aussitôt M. Barthélemy de réciter comme en se riant une pièce de vers qu'il avait composée sur sa défense. Après le plaidoyer de l'avocat, le proverbe finit par l'arrêt du tribunal qui condamna le poète à trois mois de prison et 1000 fr. d'amende. Il est assez probable que le tribunal n'a point voulu accorder un privilége à M. Barthélemy ; d'où il suit que si M. Béranger a jamais un nouveau procès, il aura le droit de chanter sa défense au Palais de Justice. L'accusé s'amusera, le public rira, et le tribunal perdra de sa dignité.

Une nouvelle qui vous affligera sans doute beaucoup, c'est d'apprendre que M. Benjamin-Constant est plongé dans la douleur. Il a écrit au *Courrier Français* (n° du 27 juillet) une fort longue lettre où il expose les causes de sa tristesse ; il s'étonne qu'on ait si peu de ménagement pour l'ancienne opposition libérale, qui a combattu avec tant de courage contre les ennemis des libertés publiques : sa mauvaise humeur perce dans toute cette lettre. On voit que l'honorable membre, quoiqu'il ne le dise pas, garde rancune à la jeunesse, et qu'il est piqué au vif du dédain qu'elle a pour les vieux opposans ; il prouve au *Journal des Débats* dans deux grandes colonnes *que les périls ne sont point passés, que les jours ne sont pas encore sans nuage, et qu'il n'est pas temps de licencier l'opposition ancienne pour lui en substituer une nouvelle.* Je ne serais pas étonné que l'auteur de l'article dont M. Benjamin-Constant se plaint ne fût un jeune homme. Les jeunes gens sont si ingrats ! Maintenant qu'ils se croient en état de conduire eux-mêmes les affaires, ils cherchent à se débarrasser de leurs vieux chefs comme des enfans qui, n'ayant plus rien à attendre de leurs parens, les grondent, les maltraitent, et souvent leur souhaitent la mort. Il est vrai que les vieux opposans ne sont plus en état de combattre ; puis la tactique est changée, et ils ne peuvent s'y accoutumer.

Certes M. Benjamin-Constant doit regretter en lui-même d'avoir si souvent flatté cette belle jeunesse qui veut aujourd'hui le mettre à la porte, en lui riant au nez. Les jeunes gens sont graves, pensent et réfléchissent beaucoup, tout le monde le dit, je veux bien le croire ; mais ce que personne ne me contestera, ils sont bien ricaneurs et bien insolens. Le *Journal des Débats*, rédigé par des échappés de l'Université, ricane sur tout et à tout propos. *La France nouvelle*, rédigée également par des jeunes gens, est d'une franchise qui ressemble beaucoup à de la grossièreté. Au train que vont les choses, je ne serais pas étonné que M. Benjamin-Constant ne fût obligé dans peu de se retirer à petit bruit, quoiqu'il termine sa lettre par annoncer qu'il est bien décidé à rester à son poste. A peine si l'on se retournerait pour lui dire : « Allez, bonhomme, allez et taisez-vous. »

Pendant plusieurs jours les journaux ont fait bruit d'une *Lettre* adressée au Roi. L'auteur n'a point mis son nom, et cela seul me donne une idée défavorable de son écrit ; un bon citoyen qui réclame dans l'intérêt de son pays et qui adresse au Roi personnellement sa réclamation doit se faire connaître, ou alors se taire. Un écrit tant médiocre qu'il soit gagne toujours à être signé. La *Lettre au Roi* telle qu'elle est me semble une mystification du parti libéral. Les convenances ne m'y paraissent pas très-bien observées ; le ton en est déplacé, et j'ai tout lieu de croire que c'est une supposition. Nos faussaires historiques, déjà fatigués de fabriquer des *Mémoires*, vont peut-être fabriquer des *Lettres*.

En parlant de cette *Lettre au Roi*, des journaux se sont occupés de celle que j'ai eu l'honneur de vous écrire. *La Tribune des Départemens*, dont je suis loin de partager les opinions, s'est exprimée avec politesse, mais le *Journal du Commerce* ayant donné à entendre qu'il pourrait bien y avoir quelque parenté entre les deux *Lettres*, je déclare que j'ai l'habitude de signer tout ce que j'écris, et que j'accepte la responsabilité de mes paroles. Je ne dirai rien du *Constitutionnel* qui en est toujours à ses Jésuites et à sa Congrégation, et qui m'appelle dénonciateur, comme si constater un fait était dénoncer.

Il est question plus que jamais d'un changement dans le ministère et de l'arrivée au pouvoir du prince de Polignac. Tantôt la plupart des ministres actuels garderont leurs portefeuilles ; tantôt il y aura un ministère royaliste, tantôt une espèce de ministère de coalition présidé par M. de Polignac. Les bruits à ce sujet varient tellement qu'on ne sait à quoi s'en tenir. Ce qu'il y a de certain, c'est que le ministère actuel est usé dans l'opinion publique : c'est un mort qu'il faudrait ressusciter ; mais qui en aura la puissance ?

On désire un changement par ennui et dégoût de ce qui existe : l'absence de l'autorité frappe les esprits. Chacun sent le besoin et comprend la nécessité d'avoir des hommes au pouvoir ; car on ne s'occupe pas de ceux qui paraissent y être actuellement, et si par hasard on jette les yeux sur eux, ils se troublent, ils s'écrient avec précipitation : « Que faites-vous là ? Ne nous regardez donc pas : vous voyez bien que tout le monde va vous imiter. » Et si la foule qui s'arrête devant eux grossit, ils se hâtent de dire : « Allez-vous-en, laissez-nous tranquilles. Qui est-ce qui dit que nous avons l'autorité? Ça n'est pas vrai. » Là-dessus les neuf ministres, chacun de leur côté, s'agitent, se démènent le plus qu'ils peuvent pour démontrer qu'ils ne sont rien. La multitude, confondue d'un tel spectacle, se retire en se demandant : Où est donc l'autorité? Et dans cette incertitude elle s'abandonne au premier venu comme une jeune fille délaissée dans une grande ville.

Depuis 1814 on ne s'est jamais arrêté à l'action que le gouvernement exerce sur la société quand il est fort et habile; je dis fort et habile, car on ne peut exercer d'influence qu'à cette condition. Lorsqu'on veut amuser les enfans on leur donne des joujoux. Il semble qu'on ait voulu amuser de même la société en lui donnant les ministres actuels. Je ne veux pas, monsieur le comte, vous les montrer tous les neuf, seuls avec leur génie, vous n'y tiendriez pas : il suffit pour les connaître tous d'aller trouver M. de Saint-Cricq dans son cabinet.

. J'entre, je prends un fauteuil, je me place dans un coin de manière a être en face du ministre, de cette tête profonde qui . . . . repose si bien sur un oreiller. M. de Saint-Cricq se tourmente : « Que vais-je faire? me voilà nommé ministre, il faut faire parler de moi. J'ai de la fortune; la pairie après le ministère, c'est infaillible. Que me manque-t-il? La popularité, oui, la popularité; eh bien! faisons des enquêtes commerciales. » Aussitôt le ministre sonne, et l'on introduit dans son cabinet les propriétaires de forges, les propriétaires de vignes, les propriétaires de bois, les fabricans et les manufacturiers, gens qui ont des intérêts opposés, qui se plaignent et qui ne peuvent s'accorder. Les propriétaires de forges sont d'avis qu'on continue à prohiber les fers étrangers; les propriétaires de vignes demandent à grands cris qu'on s'entende avec les gouvernemens voisins afin de leur procurer des débouchés ; les propriétaires de bois sont pour la diminution de l'impôt foncier ; les commerçans et les manufacturiers s'élèvent contre le système des douanes, tout en soutenant qu'on doit prohiber les produits des fabriques anglaises supérieurs aux leurs. On ne s'entend plus, ils parlent tous à la fois, se fâchent et se retirent mécontens. La défiance se répand partout, et le commerce s'anéantit de plus en plus par suite de l'incertitude où l'on est sur la décision du ministre. Quant à lui, il se promène dans son cabinet en se frottant les mains : « Voilà qui fera parler de moi : c'est fini, je vais être dans tous les journaux. Imiter l'Angleterre, quelle admirable idée j'ai eue là ! Il est vrai (il porte la main à son front) qu'il ne sera pas facile de contenter tous ces gens-là. Les uns veulent la liberté du commerce, les autres la repoussent ; les uns se récrient contre les douanes qui ne vont pas déjà trop bien, les autres veulent une diminution dans les impôts ; mais bah ! laissons ces mécontens. J'ai fait du bruit, c'est assez ; je puis vivre maintenant deux ans sur ma popularité. »

En sortant de chez cet habile ministre, je rencontre M. de Vatimesnil, qui me paraît soucieux et préocuppé. Il est atteint de la même maladie que M. de Saint-Cricq : car plus on a été obscur, plus on veut se faire connaître, comme plus on est sot plus on veut avoir d'esprit. Sans l'heureuse parenté qui l'unit à M. de Portalis, M. de Vatimesnil aurait vécu et serait mort dans une complète obscurité. Mais un beau matin il se trouve ministre, et il pense qu'il faut viser à la popularité : « Ce sont, se dit-il en lui-même, les journaux libéraux qui l'accordent : eh bien ! je ferai tout ce qu'ils voudront. Je commencerai par placer les principaux rédacteurs, et le reste ira tout seul. »

Voilà les petits calculs des hommes qui sont au pouvoir,

En attendant, la société marche au bruit des applaudisse-
mens de ses flatteurs.

A l'exemple du fameux comte de Saint-Germain, M. de
Caux commence à immoler à sa peur et à sa popularité
la Maison militaire du Roi. Le *Moniteur* du 3 août publie
une ordonnance qui supprime quarante-quatre hommes
par compagnie des gardes du corps : ce qui fait à peu près
une économie de 200,000 fr. Mais comme il faut assurer
une retraite à ces braves militaires qu'on renvoie, l'économie se réduit à 100,000 fr. La musique paraît surtout
déplaire à M. de Caux, puisque ses suppressions portent
principalement sur les musiciens et les tambours. Au
reste, pourquoi s'en étonner ? Un ministre qui a fait son
éducation militaire dans des bureaux, assis sur un fauteuil, une plume à la main, peut-il avoir souci de la gloire
et des intérêts de l'armée? Non. Déplorons, monsieur le
comte, déplorons le sort de l'armée: je crois devoir vous
faire part d'une lettre que je viens de recevoir et qui peut
donner une idée de ce qu'on pense en province à ce sujet.
La personne qui m'écrit parle de la garde royale.

« D'où vient donc l'allégresse répandue dans le camp
de cette garde fidèle? A-t-on enfin amélioré son sort,
assuré son avenir? Non. Des faveurs inattendues ont peut-
être récompensé des services que le temps seul était
admis à faire valoir? Non, mais on la conserve; elle veillera
encore près du monarque qui a reçu ses sermens, voilà
le bienfait dont elle est reconnaissante. Charles X a parlé
en roi, et les projets du siècle novateur ont été réduits en
poussière; la fidélité ne sera pas décimée.

« Sans contester au monarque ses prérogatives, on a
voulu détruire l'armée afin de la soustraire à l'autorité qu'il
a sur elle. Sans congédier la monarchie, on la désarmait
pour la tenir captive au milieu des faisceaux d'une garde

civique. L'œuvre n'aurait pas été accomplie en un jour; mais il fallait apprendre à compter les soldats du roi, et ils eussent toujours été trop nombeux.

« Voyez avec quelle habileté ont été ourdies les attaques contre la garde. On a commencé par des mesures de peu d'importance; les brevets du grade dont on portait les insignes ont été retirés, puis les insignes eux-mêmes; pour avoir le rang du grade supérieur il faut aujourd'hui passer quatre ans dans le nouvel emploi auquel on a été nommé; l'ordonnance qui consacrait le droit de refuser l'avancement en passant dans la ligne était trop importante pour échapper à l'exigence des réformateurs : elle a été rapportée. Depuis cette époque fatale, un système de mouvement perpétuel a été établi de la garde à la ligne; ses conséquences éloignées méritent d'être méditées, son résultat immédiat est d'énerver l'esprit de corps. On arrive et, après avoir eu le temps de reconnaître le palais des Tuileries, il faut s'en éloigner pour faire place à un autre qui éprouvera le même sort. C'est une faveur, un avancement : singulière faveur que tout le monde répudie! singulier avancement contre lequel on sollicite! Puisque c'est ainsi que vous récompensez, gardez donc vos bonnes grâces pour ceux que vous voulez punir. Au reste, voilà par quels moyens se préparaient graduellement la diminution de la garde et enfin sa suppression.

« Quel moment avait été choisi pour commencer cette grande œuvre? quel moment avait été choisi pour faire brèche au rempart vivant du trône? Du haut de la tribune aux harangues on proclame la souveraineté du peuple; en son nom un regard investigateur est porté dans le palais du roi pour compter ses serviteurs et ses revenus. Des feuilles publiques répandent chaque jour l'outrage sur les noms les plus augustes; ce n'était plus assez des paroles, il fallait écrire, afin que la France connût jusques à quel point on peut narguer la majesté du trône.

« La sécurité doit renaître ; l'esprit de parti peut essayer de tous les systèmes, épuiser toutes les chimères ; la volonté du roi est là. La démocratie peut déployer ses fureurs, qu'elle connaisse son impuissance. Voici une barrière inflexible toujours prête et intacte : comptez nos drapeaux ! »

Il serait beau à un ministère royaliste de se mettre à la tête du mouvement qui s'opère et de courir avec la société ; mais de courir plus fort de manière à pouvoir se retourner et l'arrêter quand il le voudrait, en lui disant : C'est assez, il faut nous reposer. On réclame des réformes et des améliorations dans l'ordre politique, civil et religieux : un ministère royaliste doit les faire au profit de la société, du trône et de la religion.

Il y a d'abord trois ministères à supprimer : le ministère du commerce comme inutile, celui des affaires ecclésiastiques comme dangereux, et celui de l'instruction publique comme une tyrannie dans notre forme de gouvernement. Cette suppression donnerait au moins sur le budget une économie de quatre millions.

Le ministère des affaires ecclésiastiques est une véritable anomalie dans un pays où tous les cultes sont reconnus : il ne peut servir qu'à mettre peu à peu la religion sous la dépendance de l'autorité civile. La création de ce ministère est un antécédent fâcheux et qu'on aura plus d'une fois à regretter.

Le ministère de l'instruction publique est une oppression dans un gouvernement constitutionnel, et je dirai avec M. le marquis de Villefranche que « c'est en faveur du monopole universitaire que l'on a supprimé des écoles excellentes qui ne coûtaient rien à l'état, et qui avaient mérité la confiance de vingt mille pères de famille pour l'éducation de leurs enfans; mais ce monopole universitaire n'est qu'un privilége établi sur l'éducation. Il est contraire à la Charte, et détruit la liberté que tous les pères de famille doivent avoir de faire élever leurs enfans. Leur puissance paternelle vient de Dieu, et vous voulez les empêcher de l'exercer dans le choix des instituteurs de leurs enfans. La confiance ne se commande pas, elle s'acquiert lorsqu'on sait la mériter. Est-ce que les pères de famille ne sont pas les meilleurs juges en pareille matière? Est-ce qu'ils ne peuvent pas apprécier le mérite et la capacité des maîtres auxquels ils veulent confier l'éducation de leurs enfans? Et par les mesures que vous avez prises vous les avez mis dans la dure nécessité de conduire leurs enfans en pays étranger pour y aller retrouver les sages et vertueux instituteurs auxquels ils avaient confié l'éducation de leurs enfans. Je le répète avec la conviction la plus entière, les ordonnances du 16 juin 1828 ont déjà fait un mal immense à la religion et à l'éducation. Des pétitions ont été adressées aux chambres par des pères de famille pour réclamer contre ces mesures; ils y exposent le tort que l'on a fait à l'éducation de leurs enfans; ils réclament la liberté que la charte leur a garantie, et disent que c'est vouloir les en priver que de les mettre dans la nécessité de conduire leurs enfans en pays étranger pour leur éducation, et les assujettir au monopole universitaire contre lequel tant de réclamations se sont élevées. »

A l'économie produite par la suppression de ces trois ministères, des ministres royalistes pourraient en ajouter beaucoup d'autres en portant un œil scrutateur dans toutes les parties de l'administration (1); en un mot ils de-

(1) En supprimant les sinécures, en faisant observer rigoureusement la loi sur les cumuls.

vraient viser à l'économie, parce que les provinces sont dans une détresse profonde et qu'elles peuvent à peine payer les impôts. On commence à se dégoûter du libéralisme, qui n'a rien fait en leur faveur depuis deux ans qu'il est en majorité ; et il serait bon de prouver que les contribuables ne sont réellement soulagés que par les royalistes, et que l'argent ne circule que sous leur administration.

Un ministère, soit royaliste, soit libéral, ne pourra jamais marcher avec la loi électorale et la loi sur la presse : l'une met la souveraineté dans les électeurs, et l'autre pervertit la masse de la nation. Ce serait donc un devoir et une nécessité pour des ministres royalistes de modifier ces deux lois. Il faudrait accorder aux grands colléges la moitié au moins de la nomination des députés, et rendre au roi la haute main sur la presse en rétablissant l'autorisation royale : c'est mon opinion, et je l'établirai sur des raisonnemens et des faits incontestables lorsque le ministère royaliste qu'on attend sera nommé. Quoi qu'il arrive, pour se soutenir dans les circonstances actuelles un ministère doit être économe, fort et habile.

Veuillez agréer, etc. etc.

BENOIST.

LE CONSERVATEUR,

RECUEIL

POLITIQUE ET RELIGIEUX.

Dieu, les Bourbons et les gens de bien.

Par suite des tracasseries qu'il a éprouvées de la part du ministère, *le Conservateur* ne paraît plus qu'une fois par mois. Les livraisons se composent de cinq à six feuilles d'impression; mais en outre les abonnés reçoivent de temps à autre des brochures publiées par M. Benoist sur l'état des affaires publiques.

En se consacrant spécialement à l'examen des grandes questions qu'on soulève tous les jours, *le Conservateur* prend une place qui était restée vide jusqu'à présent. Deux recueils faits pour établir les doctrines libérales, la *Revue encyclopédique* et la *Revue française*, n'ont point encore rencontré d'adversaires: la victoire leur a été facile, et leurs combats sont demeurés sans gloire puisqu'ils n'ont point trouvé de résistance et d'opposition.

La *Revue encyclopédique* tend principalement à éloigner l'homme de la religion catholique en s'efforçant de lui prouver que la raison humaine lui suffit; et la *Revue française* s'occupe surtout des principes politiques et de l'organisation de la société. La tendance de l'une est hostile au catholicisme, et celle de l'autre à l'autorité politique, en ce sens que ses théories mises en pratique conduisent directement au républicanisme.

De toutes parts on veut reconstituer la société, on lui cherche des bases autres que celles qui l'ont soutenue jusqu'à présent. On a pour but d'annihiler l'autorité politique et l'autorité religieuse pour élever sur leurs ruines en religion la raison humaine, et en politique la souveraineté du peuple.

Dans cette grande lutte, loin de se tenir à l'écart, il faut que les royalistes et les catholiques élèvent la voix et protestent contre de si dangereuses erreurs, afin que les réformes ne se fassent point au dehors du principe d'autorité, soit en politique, soit en religion; car hors de là nulle société humaine ne peut se constituer, ni se perpétuer.

Les questions agitées maintenant ne sont discutées dans les recueils que nous avons nommés que d'une manière tout à fait incomplète et sous le point de vue des intérêts matériels. Les améliorations réclamées dans la législation et les réformes demandées dans l'ordre social n'y sont point considérées dans leurs rapports avec la religion.

Les journaux quotidiens ne peuvent s'occuper de ces recueils parce qu'ils ont à combattre chaque jour les journaux libéraux; et, quoique moins nombreux, ils montrent autant de courage que de talent.

Le Conservateur, qui se consacre tout entier à la défense de la vérité et à la propagation des vraies lumières, ne remplira son but qu'autant qu'il trouvera des appuis et des encouragemens chez les gens de bien.

Le prix de la souscription au *Conservateur* est réduit, à cause des changemens dont il a été parlé plus haut, à 9 fr. pour trois mois, 16 fr. pour six mois, et 30 fr. pour l'année (*franc de port*), pour Paris et les départemens; et 1 fr. 50 cent. de plus par trimestre pour l'étranger, la Suisse exceptée.

On souscrit à PARIS,

A la direction du *Conservateur*, rue de Sèvres, n° 2;
Chez RUSAND, libraire, rue du Pot-de-fer Saint-Sulpice, n° 8;
Chez BLAISE, libraire, rue Férou, n° 24;
Et chez MAZE, libraire, rue de Seine Saint-Germain, n° 31;

Et dans les départemens;

A *Toulouse*, chez SÉNAC.
A *Bordeaux*, chez DELPECH;
A *Clermont-Ferrand*, chez THIBAUD-LANDRIOT;
A *Lille*, chez LEFORT et VANAKÈRE;
A *Lyon*, chez RUSAND et Mme Ve RAILLARD;
A *Montpellier*, chez VIRENQUE;
Et à *Nantes*, chez JUGUET-BUSSEUIL;